W0250986

BERTRAND MEUNIER | MONSIEUR B

LA VÉRITÉ SUR LE MARIAGE

DRUGSTORE

monsieur-b.com

© 2008 Glénat
Éditions Glénat - 39, rue du Gouverneur-Général Éboué - 92130 ISSY-LES-MOULINEAUX
Première édition © SEFAM 1999
I.S.B.N. 978-2-226-10941-5
Achevé d'imprimer en mars 2010 en Italie par L.E.G.O. S.p.A.,
sur papier provenant de forêts gérées de manière durable.

Introduction

Se marier, oui... Mais pourquoi ?

« Le mariage, ça sert surtout à faire la fête… et à rassembler chaque année tous ses amis !»

Eddie Barclay

FONDER UNE "VRAIE" FAMILLE
ÇA Y'EST, FISTON ! MAMAN A LE MÊME NOM QUE NOUS !
COOL !..
BIP ! TIT !

ASSURER SON AVENIR
ALORS ? IL EST COMMENT TON FUTUR MARI ?
RICHE !
DEVENIR STABLE
MOSTAFA KAMOUNA, VOULEZ-VOUS PRENDRE POUR LÉGITIME ÉPOUSE SYLVIE CHARPENTIER ?
SI ON FAIT LES PAPIERS VITE FAIT, OUI !
MAIRIE
POLICE
SE SOUTENIR MUTUELLEMENT
IMPÔTS : R 158 x √Π / 2 PARTS − 32,75 % x NC(2) = 16818,71…
C'EST DÉCIDÉ, CHÉRIE, ON SE MARIE EN JUIN !!
VIVRE LE GRAND AMOUR
PHILIPPE, VOULEZ-VOUS PRENDRE ISABELLE …
… UN PEU MON N'VEU ! ET TOUT D'SUITE SI POSSIBLE, PARCE QUE J'AI TOUJOURS PAS CONSOMMÉ, MOI !
1

La recontre de l'âme sœur

L'heureux hasard d'une rencontre...

"Certains disent que l'amour rend aveugle, mais c'est faux ! C'est juste la fatalité..."

Ray Charles

25% DES MARIÉS SE SONT RENCONTRÉS SUR UNE PISTE DE DANSE
JE VOUS OFFRE UN VERRE ?
ÇA DÉPEND... VOUS FAITES QUOI DANS LA VIE ?

20% DANS UN LIEU PUBLIC
MOI, C'EST UNE FEMELLE, ET VOUS ?
UN MÂLE !
20% CHEZ DES AMIS COMMUNS
ON NE S'EST PAS DÉJÀ RENCONTRÉS À LA SOIRÉE DE JEAN-LOUIS ?
SI... J'CROIS MÊME QU'ON AVAIT COUCHÉ ENSEMBLE !
15% AU BOULOT
CHERS AMIS, JE VOUS ANNONCE QUE MONIQUE VA NOUS QUITTER !
AH BON ?! ELLE PART DANS UNE AUTRE BOÎTE ?
NON ! ELLE PART JUSTE ÉLEVER NOS ENFANTS !
10% À L'ÉCOLE
QUAND JE SERA GRANDE, JE ME MARIERA AVEC TOI !
T'ES UN BON COUP AU MOINS ?
ÉCOLE

10% DANS UNE ASSOCIATION
AMOUREUX, SUR MOT COMPTE TRIPLE !
MARIAGE
7% DANS DES SORTIES CULTURELLES
VOUS VOUS INTÉRESSEZ À PICASSO ?
MOI, J'AIME BEAUCOUP...
7% EN VACANCES
SALUT ! VOUS SAVEZ OÙ IL Y A DES BOÎTES DANS LE COIN ?
OUAIS, AU SUPER U... MAIS ILS N'ONT PAS D'OUVRE-BOÎTES !
3,5% PAR PETITES ANNONCES
EXCUSEZ-MOI, NE SERIEZ-VOUS PAS :
Jolie jeune femme divorcée, grande, mince, 33 ans, dans les assurances, douce et sensible, agréable, de l'allure, cultivée, elle est prête à s'investir dans une relation durable avec un H. sain, aimant la vie de famille et les enfants ?
SI, SI... VOUS ÊTES :
Célibataire qui a vécu maritalement, technicien dans le domaine de la photo, Jean-Yanne a 29 ans. De magnifiques yeux bleus, un beau sourire et une grande envie : vivre de merveilleux moments à deux ?
CAFÉ
2,5% NE SE RAPPELLENT PLUS OÙ
J'TE DIS QU'ON S'EST RENCONTRÉS AU BAL DES POMPIERS DE BEAULIEU-SUR-LAYON EN JUILLET 1932 !
ET MOI, J'TE DIS QUE C'ÉTAIT À ROCHEFORT-SUR-LOIRE EN 1934 !
TOTAL : 120% DE MARIÉS HEUREUX !
MAIS, CHÉRIE ! ÇA FAIT PLUS DE 100 % ?!
OUI, BEN ÇA DOIT ÊTRE À CAUSE DES DIVORCÉS ET DES TYPES COMME TOI QUI SE SONT MARIÉS PLUSIEURS FOIS !
3

La déclaration d'amour

La demande en mariage traditionnelle

« J'ai mis des gants beurre-frais pour lui demander sa main… et elle a très bien encaissé le coup !»

Mike Tyson

SACHEZ QU'AU DÉBUT DU SIÈCLE, L'HOMME FAISAIT PORTER SA DÉCLARATION PAR QUELQU'UN D'AUTRE...
MES HOMMAGES, MADAME, JE VIENS VOUS DEMANDER LA MAIN DE VOTRE FILLE...
POUR VOUS ?
NON ! POUR MON FILS... MAIS SI VOUS PENSEZ QUE JE... ENFIN, POURQUOI PAS ? DISONS QUE ÇA PEUT S'ARRANGER...
LORS DE CETTE VISITE OFFICIELLE, LE PRÉTENDANT POUVAIT AUSSI SE PRÉSENTER AVEC DES GANTS "BEURRE-FRAIS"...
CHÉRIE ! C'EST LE CRÉMIER, AVEC DES GANTS "BEURRE-FRAIS" POUR ÉLÉONORE !
QU'IL REPASSE DEMAIN ! IL EN RESTE ENCORE DANS LE GARDE-MANGER !
LE PÈRE DE LA FUTURE MARIÉE ANNONÇAIT ENSUITE LE MONTANT DE LA DOT QU'IL FAISAIT À SA FILLE...
JE LÈGUE À MA FILLE L'AILE DROITE DU CHÂTEAU FAMILIAL...
ELLE N'EST PAS TERMINÉE OU CE SONT LES ALLEMANDS QUI L'ONT DÉTRUITE EN 14 ?
UNE FOIS SCELLÉES LES "ACCORDAILLES", LE FUTUR MARIÉ POUVAIT ALORS VOIR SA PROMISE...
VOICI VOTRE PROMISE !
HEIN ?! MAIS C'EST PAS JEANNETTE ! C'EST PAS LA MOCHE QUE J'VOULAIS ! C'EST L'AUTRE... SA SOEUR !
... ET L'ON POUVAIT ENFIN TRINQUER TOUT EN PROJETANT D'ORGANISER LES FIANÇAILLES.
NOUS AIMERIONS UNE CÉRÉMONIE EN GRANDES POMPES
TANT MIEUX ! JE CHAUSSE DU 44 !

La déclaration d'amour

La demande en mariage moderne

« Je lui ai envoyé un e-mail, et elle m'a répondu dans la demi-heure… »

Bill.Gates@microsoft.com

SACHEZ QU'AUJOURD'HUI, ON NE S'EMBARRASSE PAS DE TOUT UN TAS DE VIEUX PRINCIPES…
SALUT P'PA ! SALUT M'MAN ! J'VOUS PRÉSENTE SOPHIE … ELLE DORT À LA MAISON CE SOIR !
SI TU VEUX DES PRÉSERVATIFS Y DOIT EN RESTER DANS L'ARMOIRE À PHARMACIE…

LA JEUNE FILLE ET LE JEUNE HOMME FONT ALORS TRÈS RAPIDEMENT UN ESSAI DE VIE EN COUPLE…
SI Y'AVAIT QUE MOI, Y'AURAIT PAS LA TÉLÉ DANS LA CHAMBRE !
OUAIS, BEN SI Y'AVAIT QUE MOI, CE S'RAIT PAREIL !
PUIS, APRÈS AVOIR VÉCU UN CERTAIN TEMPS ENSEMBLE, ILS DÉCIDENT SUBITEMENT DE SE MARIER…
HO NOAN ! PAS ÇA ! CHÉRI ! JE SUIS ENCEINTE !
MERDE ! VA FALLOIR QU'ON SE MARIE, SINON ÇA LA FOUT MAL !
ILS ORGANISENT ENFIN UNE RENCONTRE ENTRE LEURS FAMILLES RESPECTIVES…
BON, TU VERRAS, ILS SONT UN PEU SPÉCIAUX, LE GENRE COINCÉ DU DERCHE…
PIS VOUS ÉVITEREZ DE PARLER POLITIQUE, HEIN ?! SURTOUT PAPA… SI TU VOIS CE QUE J'VEUX DIRE !
ET LES PARENTS DES FUTURS ÉPOUX PROFITENT DE CES PRÉSENTATIONS POUR PARLER DE L'AVENIR…
BON, MAIS LÀ, ÇA VA NOUS COÛTER VACHEMENT PLUS QU'À VOUS !
OUAIS, MAIS J'PEUX PAS FILER PLUS… PIS VOUS AVEZ L'AIR PÉTÉ DE THUNES, VOUS !

Le budget

Se marier, combien ça coûte ?

« Je ne sais plus combien m'avaient coûté mes mariages, mais je peux vous dire combien me coûtent mes divorces ! »

Johnny Hallyday

DISONS QU'UN MARIAGE COÛTE GROSSO MODO LE MÊME PRIX QU'UNE BAGNOLE...
?!
C'EST VOUS QUI VOYEZ ! MAIS LA POUBELLE À DIX MILLE BALLES EST BEAUCOUP MOINS CONFORTABLE QUE LA ROLLS À 200 PATATES !

CHACUN DOIT DONC ENVISAGER LA CHOSE EN FONCTION DE SES MOYENS...
WOAH, P'TAIN ! ELLE EST SUPER VOTRE SALLE À 2000 BALLES !
NON... ÇA, C'EST CELLE À 20 000 FRANCS ! LA VÔTRE, C'EST CELLE-LÀ...
SACHEZ NÉANMOINS QUE L'ON PEUT SE MARIER POUR PAS TRÈS CHER...
MAIRIE
ET MAINTENANT QU'ON EST MARIÉS, ON FAIT QUOI ?
ON INVITE TOUT LE MONDE À LA PIZZERIA DU COIN !
...QU'UN MARIAGE "NORMAL" COÛTE EN MOYENNE ENTRE 40000 ET 60000 FRANCS.
OUI MAIS ATTENTION, LÀ, C'EST SANS LES INTÉRÊTS !
6,50 % SUR 48 MOIS
...MAIS QUE LE COÛT D'UN MARIAGE DÉPEND SURTOUT D'UNE CHOSE : LE NOMBRE D'INVITÉS.
JE VOUS REMERCIE TOUT D'ABORD D'ÊTRE VENUS HONORER CE REPAS À 380 FRANCS PAR INVITÉ ET CE CHAMPAGNE À 67 FRANCS LA BOUTEILLE...

Le budget

Qui paie quoi ?

« Moi je veux bien tout payer, mais je n'ai plus de chéquier.»

Bernard Tapie

IL EST GÉNÉRALEMENT CONVENU QUE LES FAMILLES DES JEUNES MARIÉS DOIVENT SE PARTAGER ÉQUITABLEMENT LE COÛT DE LA NOCE
VOILÀ ! LA FAMILLE DU MARIÉ PASSERA PRENDRE L'AUTRE MOITIÉ DANS LA SEMAINE !

HEUREUSEMENT, IL EXISTE DES RÈGLES DE PARTAGE BEAUCOUP MOINS "TRANCHANTES". AINSI, LE MARIÉ ET SA FAMILLE DOIVENT NORMALEMENT PAYER :
LE DÉTARTRAGE DU MARIÉ
LES FRINGUES DU MARIÉ
LE BOUQUET DE LA MARIÉE
LE BAKCHICH POUR LE CURÉ
LES ALLIANCES
LES REPAS DE LEURS INVITÉS
LE VOYAGE DE NOCES
AIR FRANCE

MAIS LE MARIÉ ET SA FAMILLE NE SERONT PAS LES SEULS À FAIRE CHAUFFER LA CARTE BLEUE, PUISQUE LA MARIÉE ET SA FAMILLE DOIVENT NORMALEMENT PAYER :
LE TOILETTEUR DE LA MARIÉE
LA ROBE DE LA MARIÉE (ACCESSOIRES COMPRIS)
LE PHOTOGRAPHE
LE DISC-JOCKEY
LES FLEURS POUR L'ÉGLISE ET LA RÉCEPTION
LES FAIRE-PART
LES REPAS DE LEURS INVITÉS
7

L'argent n'est pas un problème...

« Quand on nem, on ne compte pas ! »
Mao Ze-dong

BON, D'ACCORD, SE MARIER COÛTE CHER ! MAIS SACHEZ QU'AVEC UN PEU D'IMAGINATION, ON FINIT TOUJOURS PAR TROUVER UNE SOLUTION...
ALLÔ, COFITELEC ?! VOILÀ, JE ME MARIE DEMAIN ET J'AURAIS BESOIN DE 40 000 BALLES, ÇA PEUT S'ARRANGER ?

ET PUIS, POUR BAISSER LE COÛT D'UN MARIAGE, ON PEUT TOUJOURS NÉGOCIER LES PRIX...
SI ON VOUS FILE DU LIQUIDE, VOUS NOUS FAITES UNE RISTOURNE ?
?!
BEN QUOI ?.. ON A FAIT PAREIL AVEC LE TRAITEUR...
QUOI QU'IL EN SOIT, IL FAUT SAVOIR QU'UN MARIAGE EST UNIQUE ET QU'IL N'A DONC PAS DE PRIX...
UNIQUE, UNIQUE C'EST FAUX ! JE ME SUIS MARIÉ CINQ FOIS !!
O.K. ! CE N'EST PAS LE MARIAGE, C'EST L'AMOUR QUI N'A PAS DE PRIX !
C'EST LE PLUS BEAU JOUR DE MA VIE...
MOI AUSSI !
ET DITES-VOUS BIEN QUE, QUEL QUE SOIT LE STYLE DE MARIAGE ADOPTÉ ET LE MONTANT DE VOS DÉPENSES, IL N'Y A PAS DE PETITS MARIAGES !
MESDAMES, MESSIEURS, BONJOUR ! JEUNE COUPLE, NOUS NOUS SOMMES MARIÉS IL Y A DEUX MOIS, MAIS NOUS AVIONS VU UN PEU GRAND POUR NOTRE MARIAGE... SI VOUS AVIEZ UNE PETITE PIÈCE OU UN TICKET-RESTAURANT...
TAKATAKOUM

Où faire la noce ?

«Allez ! Tout le monde au Queen !»
Elton John

UNE FOIS DÉCIDÉ DU BUDGET, IL CONVIENT DE RÉSERVER TRÈS RAPIDEMENT UNE SALLE. CERTAINS ENDROITS SONT EN EFFET TRÈS DEMANDÉS ... VOIRE INACCESSIBLES !
ET ELLE EST LIBRE LE 27 MAI ?
OUI, MAIS VOS INVITÉS DEVRONT MONTER PAR LES ESCALIERS ... LES ASCENSEURS SONT EN PANNE !

EN FONCTION DU NOMBRE D'INVITÉS, IL EST ÉGALEMENT CONSEILLÉ DE CHOISIR UNE SALLE QUI NE SOIT NI TROP GRANDE, NI TROP PETITE...
C'EST BON, TOUT LE MONDE EST RENTRÉ ?
SINCÈREMENT, JE N'PENSAIS PAS QUE TOUT LE MONDE VIENDRAIT !
POUR QUE CETTE FÊTE SOIT RÉUSSIE, SOYEZ D'AUTRE PART ATTENTIFS AUX MOINDRES DÉTAILS LORS DE LA VISITE...
VESTIAIRES, W.C., CUISINE ÉQUIPÉE, PARKING ET EXTÉRIEURS ENTRETENUS... NON, ELLE EST VRAIMENT SYMPA ! ON VA LA RÉSERVER !
À LA PROCHAINE FIESTA, JE SORS LE FUSIL ET JE TIRE DANS LE TAS !
N'OUBLIEZ PAS NON PLUS QUE VOTRE MARIAGE DOIT VOUS RESSEMBLER. L'ENDROIT QUE VOUS CHOISIREZ DOIT DONC ÊTRE EN HARMONIE AVEC VOTRE STYLE...
EXCUSEZ-MOI JEUNE HOMME, NOUS CHERCHONS LA MJC DE LA CITÉ VAL FLEURI ?
WHOAH, L'AUTRE, HÉ TÊTE DE MORT, TU VIENS D'QUELLE PLANÈTE ?
RACHID, MATE UN PEU LES JANTES ALLIAGE !
MAIS SACHEZ QU'IL N'EST ABSOLUMENT PAS OBLIGATOIRE DE RECEVOIR SES INVITÉS DANS UNE SALLE LOUÉE POUR L'OCCASION...
C'EST DOMMAGE... S'IL AVAIT FAIT BEAU, C'ÉTAIT VRAIMENT L'ENDROIT IDÉAL !
PETIT FOUR ?

Chacun son style...

«Trop cool le traiteur rasta ! T'aurais vu sa pièce montée en forme de cône... du délire !»

Bob Marley

EN FONCTION DE SES GOÛTS ET DE SES MOYENS, IL FAUT, DANS UN PREMIER TEMPS, CHOISIR SON STYLE DE RÉCEPTION...
ALORS, ICI, VOUS AVEZ LE STYLE PINGOUIN GRAND LUXE, ICI, LE STYLE NAPOLÉON III, ICI, LE STYLE ROCOCO, ICI, LE STYLE SNOWBOARDER !...

PLUS DE LA MOITIÉ DES 18-35 ANS OPTE EN EFFET POUR LA FORMULE "LOCATION DE SALLE PLUS TRAITEUR"
C'EST DE LA MUSIQUE DE JEUNES ?
NON, MAMY ! C'EST LE GROUPE ÉLECTROGÈNE DU TRAITEUR !
10% DES RÉCEPTIONS DE MARIAGE ONT LIEU CHEZ LES PARENTS DES MARIÉS...
MERGUEZ ! CHIPOLATAS ! AMENEZ LES ASSIETTES !
MAIS L'ON PEUT TRÈS BIEN ORGANISER UNE SORTE DE "DÉJEUNER SUR L'HERBE"...
J'AI DÉJÀ VU CETTE CASE, MOI !
OU ENCORE CASSER SA TIRELIRE ET LOUER UN CHÂTEAU...
VOUS CROYEZ QU'ILS VONT RÉUSSIR À BAISSER LE PONT-LEVIS ?

...IL FAUT EN EFFET SAVOIR QUE L'ON PEUT PRATIQUEMENT TOUT LOUER POUR ORGANISER UNE NOCE : SALLE COMMUNALE, HÔTEL, PALACE, MONUMENT HISTORIQUE, MUSÉE...
NON À LA GUERRE
HALTE
COMBATTEZ LA FAIM DANS LE MONDE
SOS
JE NE SAVAIS PAS QU'AMNESTY INTERNATIONAL LOUAIT DES SALLES...
BEN, C'EST PAS TRÈS CHER... PIS ÇA PERMET DE FAIRE UNE BONNE ACTION LE JOUR DE SON MARIAGE...
CERTAINS JEUNES MARIÉS REÇOIVENT PAR EXEMPLE LEURS INVITÉS DANS LES MAGNIFIQUES SALONS DU CHÂTEAU DE THOIRY, EN COMPAGNIE PARFOIS DES VICOMTE ET VICOMTESSE PAUL & ANNABELLE DE LA PANOUSE...
QUEL EST L'CON QU'A LAISSÉ LA PORTE DU ZOO OUVERTE ?!
Y'A UN ZOO À THOIRY ?
OUI ! MÊME QUE LES ANIMAUX SONT EN LIBERTÉ !
ET FINALEMENT, SEULS 17% DES JEUNES MARIÉS ORGANISENT LEUR RÉCEPTION LÀ OÙ C'EST POURTANT LE PLUS PRATIQUE POUR MANGER : LE RESTAURANT.
COMMENT ON FAIT POUR L'ADDITION ? CHACUN PAIE SA PART ?
?!
!
GLURP !
MERDE... J'AVAIS JUSTE PRIS DIX BALLES POUR LA QUÊTE À L'ÉGLISE, MOI...
?!

la réception

Un véritable compte à rebours...

« Pluto sera le mieux. »

Walt Disney

UN MARIAGE SE PRÉPARE LONGTEMPS À L'AVANCE ET PARADOXALEMENT, C'EST LA SALLE DE RÉCEPTION QU'IL FAUT EN PREMIER RÉSERVER (ENTRE 10 MOIS ET UN AN À L'AVANCE).
JE VOUS LA RÉSERVE À QUEL NOM ?
JE N'SAIS PAS ENCORE
VOUS SAVEZ, UN AN, C'EST LONG ! ...
... MAIS A PRIORI CE S'RA PELLETIER OU LETOURNEAU !

IL CONVIENT ENSUITE RAPIDEMENT D'EFFECTUER SA DEMANDE AUPRÈS DE LA MAIRIE, CAR, SANS PASSAGE À LA MAIRIE, PAS DE MARIAGE !
AH, LE SAMEDI 27, C'EST PAS POSSIBLE, JE SERAI EN PLEINE CAMPAGNE ÉLECTORALE
'FAUDRA VOTER POUR MOI D'AILLEURS !
PUIS, UNE RENCONTRE S'IMPOSE : CELLE AVEC LE CURÉ DE LA PAROISSE OÙ VOUS COMPTEZ VOUS MARIER (VOTRE RABBIN SI VOUS ÊTES JUIF).
COMMENT ÇA, DANS UN MOIS C'EST PAS POSSIBLE ?! ...
... J'VOUS SIGNALE QUE LE CLIENT EST ROI, MÔSSIEUR !
À PEINE LE TEMPS DE SOUFFLER, QU'IL FAUT DÉJÀ REPENSER À LA BOUFFE. LE TRAITEUR SE RÉSERVE EN EFFET ENTRE 5 ET 8 MOIS À L'AVANCE...
TRAITEUR
POUR DANS 6 MOIS ?
PARFAIT !
J'VAIS COMMENCER À ÉPLUCHER LES LÉGUMES POUR LES ENTRÉES, CE S'RA DÉJÀ ÇA DE FAIT !
ENFIN, LA LISTE DE MARIAGE SE DÉPOSE GÉNÉRALEMENT 4 MOIS À L'AVANCE... ET LES FAIRE-PART DOIVENT ÊTRE IMPRIMÉS 3 MOIS À L'AVANCE.
MAIS ?! QU'EST-CE QUE VOUS FAITES ?!
J'AI ENVOYÉ LES FAIRE-PART TROP TÔT ! 'FAUT QUE J'LES RATTRAPPE
ELLE S'EST TIRÉE CE MATIN AVEC LE PLOMBIER !

La réception

Incontournable traiteur...

«La mariée a eu le droit à une belle pièce montée... comme un étalon.»

Rocco Siffredi

BIEN AVANT LA NOCE, IL EST IMPÉRATIF DE CHOISIR UN TRAITEUR ... ET DE RÉGLER AVEC LUI LES PREMIERS DÉTAILS.
BON, PREMIER DÉTAIL À RÉGLER : L'ADDITION ! JE VAIS VOUS DEMANDER DE VERSER 40% D'ARRHES ...
GLURPS

VOUS AUREZ AU PRÉALABLE OPTÉ POUR UNE FORMULE À MÊME DE GAVER ET D'ABREUVER VOS INVITÉS ...
ALORS, VOUS AVEZ LE COCKTAIL DÎNATOIRE AVEC DÎNER SERVI EN BUFFET, LE TRADITIONNEL DÎNER ASSIS ...
?!
DITES, VOUS EN AVEZ ENCORE POUR LONGTEMPS ? PARCE QU'IL ME FAUT JUSTE UNE ENTRECÔTE, MOI !
VOUS CHOISIREZ ALORS AVEC GRANDE ATTENTION TOUT CE QUI VA ÊTRE SERVI ...
TRAITEUR
ET QU'EST-CE QUE VOUS AVEZ COMME PETITS-FOURS ?
UN MICRO-ONDES MOULINEX, POURQUOI ?
LE TRAITEUR PEUT S'OCCUPER DE TOUT : DU NAPPAGE, DES FLEURS, DU SERVICE ... ET MÊME DU VIN D'HONNEUR !
TRAITEUR
BIEN SÛR, VOUS POUVEZ APPORTER VOTRE CHAMPAGNE, MAIS JE PRENDS ALORS UN DROIT AU BOUCHON !
AH ?! VOUS GARDEZ LES BOUCHONS ? VOUS ÊTES COLLECTIONNEUR ?
QU'IL SOIT CHARCUTIER, RESTAURATEUR OU TRAITEUR PROFESSIONNEL, CET HOMME PEUT ENFIN VOUS CONFECTIONNER LE PLUS BEAU DES DESSERTS ...
AU DÉBUT, JE FAISAIS DES PIÈCES MONTÉES EN FORME DE TOUR DE PISE ... MAIS ÇA SE CASSAIT TOUJOURS LA GUEULE QUAND ON SERVAIT LES CHOUX !
USA
13

Quelques mois pour se renflouer...

« Tous ces millionnaires, ça me démoralise... »

Philippe Risoli

UNE FOIS LES ARRHES VERSÉES AU TRAITEUR, VOUS SEREZ SANS DOUTE LÉGÈREMENT FAUCHÉS... HEUREUSEMENT, IL VOUS RESTE QUELQUES MOIS POUR VOUS REFAIRE !
JACKPOT ! CHÉRIE, ON VA POUVOIR ACHETER TA ROBE DE MARIÉE !
GLING GLING GLING GLING

CAR BIENTÔT, ÇA VA BANQUER DE NOUVEAU. IL FAUT DONC EN PROFITER POUR FAIRE DES ÉCONOMIES...
J'AI FAIT DES SUPER AFFAIRES... Y'AVAIT DES SOLDES PARTOUT !
OUAIS, BEN EN PARLANT DE SOLDE, Y'A LA BANQUE QUI VIENT D'APPELER
...
VOUS POUVEZ AUSSI TRÈS BIEN PROFITER DE CETTE PÉRIODE D'INACTIVITÉ POUR "TAPER" UN PEU LA FAMILLE...
TU SAIS FISTON, JE CROIS QUE JE VAIS CRAQUER POUR LE DERNIER COUPÉ BMW...
BEN... MOI, JE CROIS PAS !
AUTO FRIM'
FACTURES MARIAGE
AU PIRE, IL VA FALLOIR CONSENTIR À VOUS PRIVER QUELQUE PEU...
QUAND JE PENSE QUE ÇA FAIT 6 MOIS QU'ON BOUFFE DES PÂTES POUR QUE DES GUGUSSES QU'ON NE VOIT JAMAIS PUISSENT VENIR SE GOINFRER PENDANT 5 OU 6 HEURES...
ÇA ME FOUT LA HAINE !
...ET LA SEULE CHOSE À FAIRE EN ATTENDANT, C'EST DE PENSER À VOS FUTURS CADEAUX DE MARIAGE
TU SAIS, ILS FONT VRAIMENT DES TRUCS SYMPAS EN BACCARAT !
AH OUAIS ! ELLE EST TOP LA SAFRANE BACCARA !

L'attente

Petites bêtises à ne pas commettre...

« Je n'aurais pas dû.»

Bill Clinton

DANS LES MOIS QUI PRÉCÈDENT LA NOCE, LES JEUNES MARIÉS SE DOIVENT DE FAIRE ATTENTION À CERTAINES PETITES CHOSES...
JE T'AVAIS BIEN DIT QUE CETTE COMPÉTITION DE MOTO-CROSS À 3 MOIS DE NOTRE MARIAGE, CE N'ÉTAIT PAS TRÈS SÉRIEUX !
BEN SI, C'EST SÉRIEUX, J'EN AI POUR 6 MOIS DE PLÂTRE...
H
HÔPITAL

...MAIS IL EST AUSSI UN PETIT DÉTAIL AUQUEL LES JEUNES MARIÉS DOIVENT FAIRE EXCESSIVEMENT GAFFE S'ILS NE VEULENT PAS QUE LE PLUS BEAU JOUR DE LEUR VIE SE TRANSFORME EN CAUCHEMAR...
JE CROIS QU'ON A OUBLIÉ QUELQUE CHOSE...
QUOI ?! T'AS OUBLIÉ DE PRENDRE LES ALLIANCES
NON, MAIS TOI, T'AS DÛ OUBLIER DE PRENDRE LA PILULE !
MOI, JE PENSE QU'ELLE A BON DOS L'AÉROPHAGIE...

la préparation religieuse

Chacun sa religion...

« Je voudrais qu'à chaque mariage, il y ait une belle paire de saints.»

Jean-Paul II

SACHEZ TOUT D'ABORD QUE LES MARIAGES DIFFÈRENT EN FONCTION DES CROYANCES DES JEUNES ÉPOUX...
VOUS N'ÊTES PAS PROTESTANTS AU MOINS ?
BEN NON, SI ON EST LÀ, C'EST QU'ON EST D'ACCORD !
C'EST CON LUI !

SEULEMENT, IL ARRIVE PARFOIS QUE ÇA SE COMPLIQUE UN PEU...
BON, SI J'AI BIEN COMPRIS, LE MARIÉ EST CATHOLIQUE, LA MARIÉE PROTESTANTE, ET LES DEUX TÉMOINS SONT MUSULMAN ET ORTHODOXE...
VOILÀ... ALORS, SI ON POUVAIT SE MARIER À LA SYNAGOGUE, CE SERAIT PARFAIT !
TRADITIONNELLEMENT, LA CÉRÉMONIE A LIEU DANS LA PAROISSE DE LA JEUNE FILLE, MAIS CE N'EST PAS UNE OBLIGATION...
LA MARIÉE EST NÉE À ST-GERMAIN-DES-PRÉS ?
NON, MAIS ELLE EST ACTRICE DE CINÉMA !
LES COUPLES DOIVENT PRÉPARER LEUR MARIAGE EN RENCONTRANT PLUSIEURS FOIS LE PRÊTRE QUI VA LES UNIR...
VOUS AVEZ CHOISI DES CHANTS ?
AH ? 'FAUT CHOISIR DES CHANTS ?
WOAH... L'DISC-JOCKEY S'EN OCCUPERA !
MAIS BIEN SOUVENT, LES MOTIVATIONS DES COUPLES SONT LOIN D'ÊTRE RELIGIEUSES...
QU'EST-CE QUE C'EST QUE ÇA ?! JE VOUS AI DEMANDÉ UNE DÉCLARATION D'INTENTION ET VOUS M'APPORTEZ VOTRE DÉCLARATION D'IMPÔTS ?!
DIX MILLE BALLES D'ÉCONOMIES PAR AN, C'EST UNE BELLE MOTIVATION, NON ?

la préparation religieuse

Et Dieu dans tout ça ?

« Croire ou conduire, il faut choisir. »
Ayrton Senna

CROIRE EN DIEU N'EST PAS UNE OBLIGATION POUR SE MARIER... ON PEUT TOUT À FAIT SE CONTENTER D'UN MARIAGE CIVIL...
C'EST VRAI, ÇA ! ON NE CROIT PAS EN DIEU, ALORS POURQUOI SE MARIER À L'ÉGLISE ?
BEN, PARCE QUE ÇA COÛTE PAS CHER... ET PUIS, ÇA FAIT PLAISIR À MAMAN !

MAIS LES MARIAGES À L'ÉGLISE NE SONT QUE TROP RAREMENT LE GAGE D'UNE INTENSE FERVEUR RELIGIEUSE...
VOUS VOULEZ VOUS MARIER, C'EST UNE CHOSE MAIS EST-CE QUE VOUS AVEZ LA FOI ?
SI J'AI LES FOIES, MOI ? TU M'PRENDS POUR UNE LOPETTE OU QUOI ?
FACE À CET ÉTAT DE FAIT, LES PRÊTRES SAVENT MALGRÉ TOUT SE MONTRER TOLÉRANTS...
POUR PHILIPPE ET ISABELLE HIP, HIP, HIP... HOURRA !!
... ET C'EST BIEN DOMMAGE, PARCE QUE LES MESSES DE MARIAGE LAISSENT TROP SOUVENT PLACE AU FOLKLORE... ET DIEU DOIT PARFOIS SE RETOURNER DANS SON CIEL.
BONJOUR PARIS !

La liste de mariage

Le Père Noël en été

«Sauf que moi je suis tout seul… et que je ne reste pas pour dîner !»

Le Père Noël

SE MARIER, CE N'EST PAS SEULEMENT FAIRE LA FÊTE, C'EST AUSSI RECEVOIR PLEIN DE CADEAUX…
ALORS… 18 ASSIETTES PLATES, 18 ASSIETTES CREUSES, 18 ASSIETTES À DESSERT, 54 VERRES À PIED…
C'EST BIEN TOUT ÇA, MAIS QU'EST-CE QU'ON MANGE CE SOIR ?

MAIS LORSQUE L'ON A DÉJÀ BEAUCOUP DE VAISSELLE À LA MAISON ET QUE L'ON N'A PAS BEAUCOUP D'IDÉES, ON PEUT AUSSI DEMANDER DE L'ARGENT…
DÉSOLÉ TATA SIMONE, MAIS TON BILLET, C'EST UN FAUX !
VOUS AVEZ UNE PIÈCE D'IDENTITÉ ?
CERTAINS JEUNES COUPLES PRÉFÈRENT ÉGALEMENT QUE LEUR SOIT OFFERT UN VOYAGE…
HA
HA HA
T'ES SÛRE QU'IL FAUT RESTER HABILLÉ COMME ÇA PENDANT LE VOYAGE DE NOCE ?
BEN, J'SAIS PAS C'EST ROBERT QUI M'A DIT ÇA…
TOUTEFOIS, QUE L'ON AIT OU NON BESOIN DE VAISSELLE, C'EST GÉNÉRALEMENT DANS LES GRANDS MAGASINS QUE L'ON DÉPOSE SA LISTE DE MARIAGE
PRINTEMPS
ICI, VOUS AVEZ LA PORCELAINE DE LIMOGES, ICI, LE CRISTAL DE BACCARAT, ICI…
ET VOUS FAITES LE 501 DE LEVI'S ?
IL FAUT ALORS SAVOIR QU'UN MARIAGE RAPPORTE ENTRE 8000 ET 50000 FRANCS DE CADEAUX, MAIS QUE LA MOYENNE SE SITUE AUTOUR DE 30000 FRANCS…
BON, 32500 FRANCS DE CADEAUX MOINS 61500 FRANCS DE FRAIS DE NOCE…
ON A QUAND MÊME PERDU 29000 BALLES !
?!

La liste de mariage

Comment procéder ?

« Déposer une liste, c'est pas toujours évident. »

Schindler

LA LISTE DE MARIAGE DOIT ÊTRE DÉPOSÉE AVANT D'ENVOYER LES FAIRE-PART, SOIT ENVIRON 4 MOIS AVANT LA NOCE...
TIENS ?! ARNAUD ET PASCALE SE MARIENT !
... P'TAIN, EN SEPTEMBRE... ENTRE LES IMPÔTS, LA RENTRÉE SCOLAIRE ET LA PRIME D'ASSURANCE ! BONJOUR LES FRAIS !

SANS POUR AUTANT DÉPOSER SA LISTE DE MARIAGE CHEZ EMMAÜS, IL CONVIENT D'Y INSCRIRE DES CADEAUX À LA PORTÉE DE TOUTES LES BOURSES...
BON, IL NE RESTE PLUS QU'À METTRE DES BRICOLES À 100 OU 200 BALLES POUR LES RADINS...
RESTE ALORS À PRÉVENIR LES INVITÉS... SANS AVOIR L'AIR DE LEUR DEMANDER 500 BALLES ! VOICI PAR EXEMPLE CE QU'IL NE FAUT PAS FAIRE...
ALLÔ, COUSINE THÉRÈSE ? VOILÀ... ON A DÉPOSÉ NOTRE LISTE DE MARIAGE CHEZ CHRISTOFLE... MAIS POUR LES FAUCHÉS COMME VOUS, ON EN A AUSSI DÉPOSÉ UNE CHEZ CARREFOUR...
IL EST EN EFFET PLUS DISCRET DE FAIRE SAVOIR OÙ EST DÉPOSÉE LA LISTE PAR LES TÉMOINS OU LA FAMILLE.
SALUT RENÉ ! ON PASSAIT DANS L'COIN, ALORS ON S'EST DIT...
?!
LA LISTE DE MARIAGE DE FABRICE ET CATHY EST DÉPOSÉE AU BHV.
ENFIN, DÈS RÉCEPTION DES CADEAUX, IL EST DE NATURE DE REMERCIER CEUX QUI VOUS LES ONT OFFERTS. MÊME SI VOUS LES RECEVEZ 3 MOIS AVANT LE MARIAGE...
DIS... MAINTENANT QU'ON A REMERCIÉ TOUT LE MONDE, ON POURRAIT ANNULER LE MARIAGE...
OUAIS... ON S'MARIE JUSTE À LA MAIRIE ET BASTA !
19

Les faire-part

Faire savoir et savoir-faire

« Lancer des invitations, c'est une chose… bien viser en est une autre ! »

Thierry Lafronde

UNE FOIS LA SALLE, L'ÉGLISE ET LA MAIRIE RÉSERVÉES, LE MOMENT EST VENU DE FAIRE IMPRIMER LES FAIRE-PART...
1- INTRODUIRE LES PIÈCES
2- SÉLECTIONNER LE TEXTE
3- VALIDER
CARTES DE VISITE MINUTE

AVEC UN PEU D'IMAGINATION, VOUS POUVEZ CEPENDANT LES RÉALISER VOUS-MÊME...
Monsieur et Madame PELLETIER sont Heureux de vous...
À TON AVIS, COMBIEN IL VA NOUS FALLOIR DE TIMBRES ?
...OU BIEN CASSER VOTRE TIRELIRE POUR EN METTRE PLEIN LA VUE...
FAIRE-PART DOUBLE, FILIGRANÉ SUR VÉLIN D'ARCHES ET DORÉ SUR TRANCHE... ÇA EN JETTE, HEIN ?!
OUAIS... SURTOUT POUR INVITER TOUT L'MONDE AU RESTAURANT ROUTIER DU COIN !
MAIS TOUT N'EST PAS AUTORISÉ. VOICI PAR EXEMPLE CE QU'IL NE FAUT PAS FAIRE...
RENÉ, Y'A UN FAX POUR TOI ! T'ES INVITÉ AU MARIAGE DE TON FILS !
POUR FAIRE DES ÉCONOMIES, LE CAS ÉCHÉANT, ON PEUT SE CONTENTER D'ENVOYER DES INVITATIONS PERSONNELLES MANUSCRITES...
...ET VOUS PRIENT D'ASSISTER À LA CÉRÉMONIE QUI AURA LIEU EN L'ÉGLISE DE...
DIS, C'EST BON MAINT'NANT ! JE COMMENCE À L'CONNAÎTRE LE TEXTE... C'EST LA 190e FOIS QUE JE L'ÉCRIS !

La robe de mariée

Être la plus belle...

«Yé sortirai les poubelles pour aller danser...»

Cendrillon

CHOISIR SA ROBE DE MARIÉE N'EST PAS TOUJOURS ÉVIDENT. IL CONVIENT DE TROUVER UNE TENUE QUI VOUS RESSEMBLE...
VOUS VOUS MARIEZ AVEC UN PÂTISSIER ?
POURQUOI VOUS ME DEMANDEZ ÇA ? VOUS TROUVEZ QUE JE RESSEMBLE À UNE MERINGUE ?

AUJOURD'HUI, LE CHOIX EST D'AUTANT PLUS VASTE QUE LA MOITIÉ DES MARIÉES NE PORTENT PLUS DE ROBE BLANCHE...
ÇA FAIT PAS BIZARRE ?
NON... JE CONSEILLE CE MODÈLE À TOUTES LE JEUNES FEMMES QUI SE MARIENT EN BRETAGNE !
UNE MARIÉE SUR DIX OPTE PAR AILLEURS POUR UN JOLI TAILLEUR. LA FAUTE, SANS DOUTE, AUX REMARIAGES...
POUR UN REMARIAGE, C'EST PARFAIT ! ON N'Y VERRA QUE DU FEU !...
QUOI QU'IL EN SOIT, LE MARIÉ NE DOIT PAS VOIR LA ROBE DE SA PROMISE AVANT LE MARIAGE, CELA NE PORTERAIT PAS BONHEUR...
TU VOIS QUELQUE CHOSE ?
OUAIS, ÇA Y EST !
C'EST POUR CETTE RAISON QUE LES JEUNES MARIÉES VONT SOUVENT ESSAYER LEUR ROBE ACCOMPAGNÉE DE LEUR MÈRE...
TU CROIS QU'ELLE VA PLAIRE À PAPA ?
...ÇA DÉPEND ! S'IL REGARDE LE TALON DU CHÈQUE, C'EST PAS SÛR...
PRONUPTI
21

La tenue du marié

Être le plus beau...

« Depuis que je chante sur scène, j'ai bien amorti mon costume de marié ! »

Michel Sardou

LE MARIÉ DOIT ÊTRE ÉLÉGANT, MAIS IL NE DOIT EN AUCUN CAS ÉVINCER LA MARIÉE ! C'EST ELLE LA STAR DU JOUR, PAS LUI !
PATRIÏCK
QUAND ON SE MARIE AVEC UNE VEDETTE DU SHOW-BIZ, C'EST PAS ÉVIDENT !

SA TENUE DOIT TOUTEFOIS ÊTRE SUFFISAMMENT RAFFINÉE POUR QU'IL NE SOIT PAS CONFONDU AVEC LES INVITÉS...
HÉ, TOI !! QU'EST-CE QUE TU FOUS ASSIS PENDANT L'SERVICE ?
CUISINE
?!
POUR LES GRANDES CÉRÉMONIES, LE MARIÉ CHOISIRA PAR EXEMPLE UN HABIT QUEUE-DE-PIE OU UNE JACQUETTE...
PLUS VITE CHÉRIE ! NOUS ALLONS ÊTRE EN RETARD À L'ÉGLISE !
DONG
DANG !
MAIS POUR LES CÉRÉMONIES PLUS SIMPLES, UN BEAU COSTUME FERA L'AFFAIRE !
T'AS MIS QUOI COMME PARFUM ?
WIZARD, POURQUOI ?
AUTRE POSSIBILITÉ : L'UNIFORME ! RÉSERVÉ AUX ÉLÈVES DES GRANDES ÉCOLES MILITAIRES ET AUX OFFICIERS...
J'AI DIT OUVREZ LE BAL, PAS OUVREZ LE FEU !!

la tenue des époux

Harmonie du couple

« Moi mari, toi femme ! »

Tarzan

LES ÉPOUX DOIVENT IDÉALEMENT, D'UN POINT DE VUE VESTIMENTAIRE, CRÉER UNE HARMONIE ...
GILET DANS LE MÊME TISSU ET AVEC LES MÊMES MOTIFS QUE LA ROBE DE LA MARIÉE
CRAVATE MARRON (SI LA MARIÉE A LES DENTS JAUNES)

TOUTEFOIS, CERTAINES RÈGLES SONT À RESPECTER, POUR LE MARIÉ ...
PAS DE COSTUME PORTÉ CHAQUE JOUR AU BUREAU
PAS D'OEILLET JAUNE À LA BOUTONNIÈRE (SYMBOLE D'INFIDÉLITÉ)
PAS DE CHAUSSURES BLANCHES ... ET SURTOUT PAS DE BASKETS !

... COMME POUR LA MARIÉE !
PAS DE MAQUILLAGE PSYCHÉDÉLIQUE (SYMBOLE DE POUFFIASSERIE)
PAS DE ROBE AGUICHANTE
PAS DE BAS RÉSILLE

Les derniers préparatifs

L'angoisse des derniers jours...

« Jusqu'au dernier moment, il ne faut pas avoir peur de perdre la tête ! »

Louis XVI

À L'APPROCHE DU JOUR J, IL EST IMPÉRATIF DE FAIRE UN "CHECK-UP" POUR VÉRIFIER QUE RIEN N'A ÉTÉ OUBLIÉ...
... LES ALLIANCES, C'EST BON ! ... LES FLEURS, C'EST BON ! ... LES DRAGÉES, C'EST OK ! ... LES BOUTONNIÈRES POUR LES INVITÉS.....
... MERDE ! ON A OUBLIÉ D'ENVOYER DES INVITATIONS !

IL CONVIENT EN EFFET DE S'ASSURER QUE LES INVITÉS ASSISTERONT À LA NOCE...
QUOI ?! VOUS ÊTES TOUS À NOYEN-SUR-SARTHE ?! ON VOUS AVAIT DIT NOYEN-SUR-SEINE !
ON AURAIT DÛ LEUR FILER UN PLAN...
IDÉALEMENT, IL EST D'AUTRE PART CONSEILLÉ DE VÉRIFIER CE QUI SERA SERVI AU REPAS...
QU'EST-CE QUE TU FAIS ?
BAH... HIC ! JE VÉRIFIIIHIC... QUE LE VIN N'EST PÔ BOUCHONNÉ HIC !
IL EST ÉGALEMENT PRUDENT DE RÉVISER SES CLASSIQUES...
MADEMOISELLE SYLVIE COTTIN, CONSENTEZ-VOUS À PRENDRE POUR ÉPOUX MONSIEUR ÉRIC ALLARD ?
C'EST LÀ QUE JE DOIS RÉCITER LE NOTRE PÈRE ?
ENFIN, IL EST UNE CHOSE QUE L'ON OUBLIE TROP SOUVENT DE VÉRIFIER...
BEN ?! QU'EST-CE QU'IL Y A, JULIE ?
DAVID A CHANGÉ D'AVIS !... IL NE VEUT PLUS SE MARIER... HUIIIINN !

Les galères du plan de table...

«Les tables, ça me connaît... je suis né dedans !»

Jésus-Christ

S'IL EST UN PROBLÈME CRUCIAL EN PRÉPARANT UN MARIAGE, C'EST BIEN DE SAVOIR QUI VA MANGER À CÔTÉ DE QUI...
... ON N'A QU'À METTRE LES MARTINEAU AVEC LES MICHALON !
TU RIGOLES ?! J'PEUX PAS FAIRE ÇA À TATA MARTINEAU ! 'FAUT LES METTRE AVEC LES GAULTIER...
ET LES BOUZENEC, ON EN FAIT QUOI ?

POUR COMMENCER, IL FAUT COMPOSER LA TABLE D'HONNEUR, AVEC OUTRE LES MARIÉS, LES TÉMOINS, LES PARENTS ET GRANDS-PARENTS... ENFIN NORMALEMENT !
TU VEUX QU'ON PARLE DE LA 2e GUERRE MONDIALE TOUTE LA SOIRÉE, OU QUOI ?
NON... MAIS J'TE RACONTE PAS L'BORDEL SI ON DOIT FAIRE LE TRI PARMI NOS AMIS !
MOI, DU MOMENT QU'Y A STÉPHANIE, J'M'EN FOUS.
EN GÉNÉRAL, IL EST BON, SUR LES AUTRES TABLES, DE RÉUNIR LES DEUX FAMILLES, ... ENFIN NORMALEMENT !
ÇA, C'EST LES GENS DE MA FAMILLE QU'ON PEUT METTRE AVEC LES GENS DE TA FAMILLE...
ÇA, C'EST LES GENS DE MA FAMILLE QU'IL NE FAUT PAS METTRE ENSEMBLE !
RESTE QU'IL FAUT AUSSI FAIRE GAFFE À CERTAINES ASSOCIATIONS MALHEUREUSES...
J'T'AVAIS DIT DE PAS METTRE ANDRÉ À LA TABLE DE JEAN-PIERRE !
FEIGNANT D'OUVRIER !
SALAUD D'PATRON !
PAF
ON PEUT NÉANMOINS METTRE TOUT LE MONDE SUR LA MÊME TABLE GRÂCE À LA FORMULE BANQUET ... MAIS ÇA NE RÉSOUT PAS LE PROBLÈME !
... ON N'A QU'À METTRE LES MARTINEAU AVEC LES MICHALON !
TU RIGOLES ?! J'PEUX PAS FAIRE ÇA À TATA MARTINEAU ! 'FAUT LES METTRE AVEC LES GAULTIER...
ET LES BOUZENEC, ON EN FAIT QUOI ?

Les derniers préparatifs

Derniers jours de célibat...

LA COUTUME VEUT QU'AVANT D'ÊTRE PIEDS ET POINGS LIÉS, LE FUTUR MARIÉ ET SA PROMISE S'AUTORISENT D'ULTIMES INSTANTS DE LIBERTÉ...
DIS, RENÉ C'EST DANS 3 MOIS QU'ON SE MARIE! ET TOI, T'ENTERRES TA VIE DE GARÇON TOUS LES JOURS!!!

«Je ne me suis jamais marié, alors j'ai enterré ma vie de garçon toute ma vie.»

Serge Gainsbourg

LE FUTUR MARIÉ PART GÉNÉRALEMENT EN VIRÉE AVEC SES POTES...
IL VA ZE MARIER CÔMEU LÉ ZÔÔÔTRES!
39 HIC 93
...PENDANT QUE LA FUTURE MARIÉE FAIT DE MÊME AVEC SES COPINES.
T'ES SÛRE QUE TU VEUX TOUJOURS ÉPOUSER PHILIPPE?
CES DERNIERS INSTANTS DE CÉLIBAT DOIVENT NÉANMOINS RESTER SECRETS...
C'EST QUOI CE P.V. POUR STATIONNEMENT GÊNANT DANS LE BOIS DE BOULOGNE, LA VEILLE DE NOTRE MARIAGE?!
HEIN?!
PAR AILLEURS, IL EST SOUVENT PRÉFÉRABLE DE NE PAS ATTENDRE LA VEILLE DE SON MARIAGE POUR ENTERRER SA VIE DE CÉLIBATAIRE.
MEARDEU... HIC... J'AI OUBLIÉ LES Z'ALLIANCES AU GORDON CLUB!

Les derniers préparatifs

Une belle salle pour faire la fête...

« C'est tout de même plus joli lorsque les fleurs ne sont pas artificielles... »
Le Père Lachaise

LA VEILLE DE LA NOCE, LES FAMILLES DES JEUNES ÉPOUX S'ACTIVENT POUR FAIRE DU MARIAGE ANNONCÉ UNE GRANDE FÊTE...
BON, FINALEMENT, ON VA PAS METTRE DE BALLONS...
PFFF !... PFOUFAIT PAS L'DIRE PLUS T'TÔT !

VIENT ALORS L'HEURE DE DÉCOUVRIR LE FAMEUX "DISC-JOCKEY-NEVEU-DU-TRAITEUR"
DITES... EUH... VOUS N'AVIEZ PAS... DISONS... UNE CHEMISE REPASSÉE...
?!
VOUS VOULEZ QU'ON VOUS PRÊTE UN COSTUME ?

PUIS, AVEC L'AIDE DU TRAITEUR, IL FAUT S'APPLIQUER À DÉCORER CHAQUE TABLE...
VOUS N'AVEZ QU'À METTRE LES MARTINEAU AVEC LES MICHALON !
VOUS RIGOLEZ ?! J'PEUX PAS FAIRE ÇA À TATA MARTINEAU ! 'FAUDRAIT LES METTRE AVEC LES GAULTIER...
... ET LES BOUZENEC, VOUS EN FAITES QUOI ?

NE RESTE PLUS ENSUITE QU'À PASSER CHEZ LE FLEURISTE, RÉCUPÉRER LES BOUQUETS QUI ORNERONT L'ÉGLISE ET LA SALLE DE RÉCEPTION...
C'EST QUOI, ÇA ?
... QUELQUES FLEURS POUR DÉCORER LA TABLE DES MICHALON !

... ET À FAIRE UN PETIT DÉTOUR PAR L'ÉGLISE POUR VÉRIFIER QUE TOUT EST EN ORDRE...
MON DIEU, FAITES QU'IL FASSE BEAU ET QUE TOUT SE PASSE BIEN...
... ET FAITES AUSSI QUE LES MICHALON NE BOIVENT PAS TROP !

Le Grand Jour

Une matinée pas comme les autres...

« Le soleil vient de se lever, encore une belle journée... »

L'ami Ricoré

À L'AUBE DU GRAND JOUR, IL Y A COMME CHAQUE MATIN, LE RÉVEIL...
ON A QUELQUE CHOSE DE PRÉVU AUJOURD'HUI ?
GRATT GRATT
OUAIS... J'CROIS QU'ON SE MARIE...

POUR QUE CE JOUR NE RESSEMBLE PAS À TOUS LES AUTRES, IL EST DE COUTUME QUE LE FUTUR MARIÉ ET SA PROMISE NE PARTAGENT PAS LE MÊME LIT DURANT LA NUIT QUI PRÉCÈDE LA NOCE...
ALLÔ ?! OUAIS, C'EST BERNARD !
SYLVIE EST À QUEL HÔTEL ?... PARCE QUE JE RETROUVE PLUS MES CHAUSSETTES...
DÈS LES PREMIÈRES LUEURS DU JOUR, QUELQUES HURLUBERLUS ENDIMANCHÉS POINTENT ALORS LEURS MINES JOVIALES...
SALUT ! ON VIENT D'ARRIVER DE POITIERS !
'ALUT !... ON SORT JUSTE DU CLUB 3000...
... PUIS C'EST AU TOUR DE LA PROCHE FAMILLE DE RAPPELER AUX JEUNES ÉPOUX QU'IL N'Y A PAS DE TEMPS À PERDRE...
BON... 8H38, COIFFEUR 10H15, HABILLAGE 10H43, SÉANCE PHOTOS...
ET J'FAIS MON TIERCÉ À QUELLE HEURE, MOI ?
... ARRIVE DONC, COMME PROMIS, L'HEURE DU COIFFEUR...
MAIS ?! KESKE VOUS Z'AVEZ FAIT ?! J'AVAIS DEMANDÉ UNE COUPE DEMIE MOORE !
BEN QUOI ?! C'EST PAS ELLE QUI JOUAIT DANS "À ARMES ÉGALES" ?...

...PENDANT CE TEMPS, À L'IDÉE DE FÊTER CET HEUREUX ÉVÉNEMENT, LES INVITÉS NE CACHENT PAS LEUR IMPATIENCE...
MAMAN, J'AI MON COL DE CHEMISE QUI M'GRATTE !
ON EST BIENTÔT ARRIVÉS ?
TAISEZ-VOUS LES ENFANTS VOUS ALLEZ ÉNERVER PAPA !
C'EST BIENTÔT FINI C'BORDEL ?!! V'POUVEZ PAS PLUTÔT CHERCHER UNE AUTRE ROUTE SUR LA CARTE MICHELIN ?!
...UNE FOIS POMPONNÉE, LA MARIÉE ENFILE ALORS SA ROBE DE MARIÉE...
MA P'OU'FILLE, C'EST À CAUSE DE TON PÈRE QU'ON EST À LA BOURRE !
OUAIS... BEN J'POUVAIS PAS PRÉVOIR QU'ON ALLAIT CREVER AVEC LA BAGNOLE...
...TOUT COMME LE MARIÉ, QUI REVÊT LUI AUSSI SON HABIT DE LUMIÈRE...
Z'ÊTES SÛRS QUE C'EST LE COSTUME QUE J'AI ESSAYÉ IL Y A 2 MOIS ?
JE M'DISAIS BIEN QU'T'AVAIS GROSSI...
...LES MARIÉS PEUVENT ALORS SE DÉCOUVRIR EN TENUE DE NOCE...
HÂÂÂÂ...
HÔÔÔÔ
UN GRAND MOMENT EST ALORS VENU : CELUI DES TRADITIONNELLES PHOTOS SOUVENIRS.
ON N'BOUGE PLUS !
SI ON VOUS FILE UN PETIT BAKCHICH, CE S'RAIT POSSIBLE DE PAS SE RETROUVER EN VITRINE DANS VOT' BOUTIQUE ?
29

Les photos souvenirs

Attention, le petit oiseau va sortir !

« Clic-Clic, l'affaire est dans le sac ! »
George Eastman

LE JOUR DE LA NOCE EST UN JOUR PAS COMME LES AUTRES, QUI COMMENCE SOUVENT PAR UNE SÉRIE DE PHOTOS SOUVENIRS...
GROUILLE-TOI PAPA, ON VA ÊTRE À LA BOURRE POUR LES PHOTOS !
FLASH !
50
CLIK

IL CONVIENT EN EFFET DE PRENDRE LES TRADITIONNELLES PHOTOS LORSQUE LES MARIÉS SONT FRAÎCHEMENT POMPONNÉS ET QUE LEURS TENUES SONT IMMACULÉES...
C'EST NORMAL LA GROSSE TACHE SUR LA ROBE DE LA MARIÉE ?
HO, MERD... ! J'AI MES RAGNAGNAS !!
LA TRADITION VEUT ALORS QUE LES ÉPOUX SE PLIENT À UNE SORTE DE "KAMA SUTRA PHOTOGRAPHIQUE" !
BIEN... EST-CE QUE LA MARIÉE PEUT MAINTENANT SE METTRE DEBOUT ET LE MARIÉ SE METTRE À GENOUX ?
MAIS ?! J'SUIS DÉJÀ DEBOUT !
ET MOI, J'SUIS DÉJÀ À GENOUX.
POUR FAIRE QUELQUES ÉCONOMIES, LES MARIÉS PEUVENT AUSSI CHOISIR UN AMI PRÉTENDUMENT DOUÉ POUR LA PHOTO...
VOUS ALLEZ RIRE... JE CROIS QUE LES PELLICULES SE SONT MAL RÉENROULÉES !
J'TE L'AVAIS DIT QUE C'ÉTAIT UN BRANQUE CE JEAN-LOUIS !
QUOI QU'IL EN SOIT, LE BUT DE CETTE SÉANCE EST SIMPLE : CONSTITUER AUTANT D'HEUREUX SOUVENIRS !
AH ÇA, J'PEUX DIRE QU'AVEC LES MARIAGES, JE N'AI QUE DES BONS SOUVENIRS !!
30

La mairie

Un «oui» sinon rien !

« Si j'ai foutu ma photo dans toutes les mairies, c'est à cause des mariages… ça me fait une de ces pubs ! »

Le président de la République

QUELLES QUE SOIENT VOS APPARTENANCES POLITIQUES (ET CELLES DU MAIRE), LE PASSAGE À LA MAIRIE EST UNE OBLIGATION POUR SE MARIER…
ALLONS Z'ENFANTS DE LA PATRII-I-EU ! LE JOUR DE GLOIRE EST T'ARRIVÉ !…

POUR L'OCCASION, LE MAIRE (OU L'UN DE SES ADJOINTS) REVÊT LA FAMEUSE ÉCHARPE TRICOLORE…
NO'MAL, VIEUX ! Z'ÊTES EN JAMAÏQUE ICI !
MAIS ?! ELLE EST PAS BLEU, BLANC, ROUGE VOTRE ÉCHARPE ?
LA PORTE DE LA MAIRIE RESTE QUANT À ELLE OUVERTE… AU CAS OÙ QUELQU'UN VIENDRAIT S'OPPOSER À CETTE UNION.
QU'EST-CE QUE TU VEUX, TOI ?
BEN… J'VOULAIS JUSTE DEMANDER… MAIS BON… J'AI DÛ ME TROMPER DE PORTE…
LE MAIRE PROCÈDE ALORS À LA LECTURE DES ARTICLES DU CODE CIVIL.
… LES ÉPOUX SE DOIVENT MUTUELLEMENT FIDÉLITÉ, SECOURS ET ASSISTANCE…
LES ÉPOUX SE DOIVENT RIEN DU TOUT ! D'AILLEURS, J'AI CHOISI LA SÉPARATION DE BIENS !
MAIRIE
… ET CONCLUT PAR LA QUESTION LA PLUS ATTENDUE DE L'ASSISTANCE…
CONSENTEZ-VOUS À PRENDRE POUR ÉPOUSE MADEMOISELLE…
V'CROYEZ QU'ON A INVITÉ 150 PERSONNES ET DÉPENSÉ 60 000 BALLES POUR CRAQUER À 3 HEURES DU BOL DE SANGRIA ?
31

La mairie

Souriez, vous êtes filmés !

« Cheeeeeese ! »

La Vache qui rit

AU MOMENT DE PRONONCER LE OUI TANT ATTENDU, IL CONVIENT DE SOURIRE SANS RETENUE ... CAR LES GUGUSSES SONT NOMBREUX À VOULOIR IMMORTALISER L'INSTANT ...
P'TAIN ... J'AI HORREUR DE M'FORCER COMME ÇA ...
CLIC
CLIK
CLIC CLAC
FLASH
CLIC CLAC
DZUUV
Riii

IL EN EST DE MÊME QUELQUES INSTANTS PLUS TARD, LORS DE LA SIGNATURE DU REGISTRE DE MARIAGE ...
C'EST BON ?! TOUT L'MONDE A SA PHOTO ?! ...
FLASH
CLIC
DZUIII
CLIC CLAC
CLIC
... MÊME MOTIF, MÊME PUNITION, À LA SORTIE DE LA MAIRIE ...
ALLEZ-Y, PROFITEZ-EN PENDANT QU'IL VOUS RESTE DES PÉLOCHES !
CLIC
CLIC
FLASH
CLIC
DZUIII
DZUU
CLAC
CLIC CLAC
... ET LE TRAVAIL DES ZYGOMATIQUES CONTINUE SUR LE CHEMIN DE L'ÉGLISE
TOUT ÇA POUR FINIR DANS UN ALBUM PHOTO ENTRE LE RÉVEILLON DE NOËL ET LES VACANCES À PALAVAS-LES-FLOTS ! ...
1000
2.5.
... UN SEUL MOT D'ORDRE QUOI QU'IL EN SOIT NE JAMAIS RELÂCHER SON EFFORT.
BEN, FAIS PAS LA GUEULE ARNAUD ! UN P'TIT SOURIRE, C'EST TON MARIAGE QUAND MÊME !
?!

L'église

Le cortège d'entrée

« Le moment le plus difficile, c'est celui où il faut penser à ne pas se casser la figure.»

Philippe Candeloro

LA MARIÉE ARRIVE GÉNÉRALEMENT À L'ÉGLISE EN VOITURE AVEC LA PERSONNE QUI LA CONDUIRA À L'AUTEL (SON PÈRE, SON FRÈRE AINÉ, SON TUTEUR ....)
HOOOO! ELLE EST SUPERBE!
OUAIS... C'EST UNE PORSCHE 956 Bi-TURBO À BOÎTE SÉQUENTIELLE!

LES INVITÉS SONT GÉNÉRALEMENT DÉJÀ LÀ. ILS SONT TENUS D'ENTRER AVANT LES FUTURS ÉPOUX, DE SE LEVER LORS DE L'ENTRÉE DU CORTÈGE... ET D'ATTENDRE EN SILENCE!
SALUT!
AH BONJOUR, VOUS ALLEZ BIEN?
C'EST VOTRE FILS? QU'EST-CE QU'IL A GRANDI!
VOUS AVEZ FAIT BONNE ROUTE?
ÇA FAIT COMBIEN DE TEMPS QU'ON NE S'EST PAS VUS?
BLA BLA BLA
BLA BLA BLA BLA
LE MARIÉ ENTRE ALORS AU BRAS DE SA MÈRE... OU D'UN AUTRE MEMBRE DE SA FAMILLE SI CETTE DERNIÈRE EST DÉCÉDÉE OU FÂCHÉE AVEC SON FILS!
ELLE EST PAS UN PEU VIEILLE POUR LUI? PIS ELLE AURAIT PU METTRE UNE ROBE QUAND MÊME!
MAIS C'EST SA MÈRE, BANANE!
LA MÈRE DE LA MARIÉE, AU BRAS GAUCHE DU PÈRE DU MARIÉ, ENTRE ENSUITE...
VOUS SAVEZ QUE VOUS AVEZ UNE TRÈS JOLIE FILLE?
SON BEAU-PÈRE N'EST PAS MAL NON PLUS!
ENTRENT ALORS LES TÉMOINS, LES GRANDS-PARENTS, LES FRÈRES ET SOEURS ET LEURS CONJOINTS... ET C'EST EN DERNIER QUE VIENT LA MARIÉE, AU BRAS DE SON PÈRE...
ELLE EST PAS UN PEU JEUNE POUR LUI?
MAIS C'EST SON PÈRE, BANANE! TOI, T'AS VRAIMENT RIEN COMPRIS!
33

L'église

La messe de mariage

«P'têt ben qu'oui, p'têt ben qu'non...»
Gérard Lenorman

CE QUE L'ON RETIENT D'UN MARIAGE, C'EST SOUVENT L'ENTRÉE ET LA SORTIE DE L'ÉGLISE ... MAIS C'EST OUBLIER QU'ENTRE LES DEUX, IL Y A UNE MESSE !
LECTURE DE LA PREMIÈRE LETTRE DE SAINT PAUL APÔTRE AUX CORINTHIENS ...
EXCUSEZ-MOI, ON PEUT PAS LA R'FAIRE ? J'ÉTAIS EN FIN DE BANDE ...

COMME À LA MAIRIE, LE MOMENT LE PLUS ATTENDU PAR LES INVITÉS RESTE LA PRONONCIATION DU "OUI" ...
EUH ... OUI
OUI AUSSI !
CLIC CLAC
DZUUU
CLIC
FLASH
DZUUUUU
CLIC CLAC
IL EXISTE CEPENDANT UN MOMENT BEAUCOUP MOINS APPRÉCIÉ DES INVITÉS ... ET TRÈS ATTENDU PAR LE CURÉ MAIS C'EST BIEN LE SEUL !
ET MAINTENANT, NOUS ALLONS PROCÉDER À UNE QUÊTE POUR LES BONNES OEUVRES DE LA PAROISSE ...
MERD...
QUELQU'UN A DE LA MONNAIE SUR 200 ?
EXPÉDIANT BIEN SOUVENT LA ROCAMBOLESQUE CÉRÉMONIE, LE PRÊTRE INVITE ALORS LA FOULE À PARTICIPER AUX FÉLICITATIONS, INITIANT DE FAIT UN GRAND DÉFILÉ D'EMBRASSADES ... PARFOIS UN PEU LONGUET !
VOUS SAVEZ OÙ EST L'VIN D'HONNEUR ?
TOUTES MES FÉLICITATIONS !
MEILLEURS VOEUX DE BONHEUR !
TA ROBE EST SUPERBE
TU RECONNAIS, KEVIN ?!
VOUS SAVEZ OÙ EST L'VIN D'HONNEUR ?
34

L'église

Vive les mariés !

« Plus on est de fous, plus il faut de riz ! »
Oncle Ben's

LA SORTIE DE L'ÉGLISE EST ÉGALEMENT TRÈS ATTENDUE DES AMATEURS DE PHOTOS SOUVENIRS...
ALORS ?! QU'EST-CE QU'ILS FOUTENT ?
MERD... J'AI PLUS DE PÉLOCHE !
VOUS SAVEZ OÙ EST LE VIN D'HONNEUR ?

IL EST ALORS UNE COUTUME, POUR SOUHAITER AUX JEUNES MARIÉS UNE VIE PLEINE DE BONHEUR, CELLE DE LEUR LANCER DU RIZ OU DES PÉTALES DE ROSES... MAIS EN RÈGLE GÉNÉRALE, IL S'AGIT DE RIZ !
VIVE LES MARIÉS !
QUEL EST L'CON QUI A FAIT CUIRE LE RIZ ?!
VOUS SAVEZ OÙ EST L'VIN D'HONNEUR ?
BEN QUOI ?! C'ÉTAIT ÉCRIT SUR LA BOÎTE ?!

Le cortège automobile

En route pour la fiesta !

«Chauffeur, si t'es champion, appuie sur l'champignon !»

Lady Diana

UNE FOIS LA CÉRÉMONIE RELIGIEUSE TERMINÉE, LA COUTUME VEUT QUE LES JEUNES ÉPOUX PRENNENT PLACE DANS LA VOITURE DES MARIÉS, DÉCORÉE POUR L'OCCASION...
OUAIS NOUS, 'FAUT QU'ON AILLE FAIRE L'PLEIN D'ESSENCE ! ON VA FAIRE UN DÉTOUR PAR LE CENTRE COMMERCIAL, C'EST MOINS CHER !
BON, ON SE R'TROUVE AU VIN D'HONNEUR ?

LES INVITÉS SE SUIVENT ALORS POUR FORMER UN CORTÈGE COLORÉ, ORCHESTRÉ PAR UN CONCERT DE KLAXONS...
HÉ ! HO ! ÇA SERT À RIEN DE KLAXONNER !
SI ÇA VA PAS ASSEZ VITE, Z'AVEZ QU'À DOUBLER !
TÛT
TUT
TUT
TÛTTU POU
TUT
BIEN QUE TOUT LE MONDE SOIT PRESSÉ D'ARROSER ÇA LE CORTÈGE SE DIRIGE POURTANT VERS LE VIN D'HONNEUR À UNE ALLURE DES PLUS RÉDUITES...
REGARDE MARTINE ! LES COUSINS DE LIMOGES ET LE TÉMOIN DE SYLVIE SE FOUTENT SUR LA GUEULE !
PAF
'POUVEZ PAS FAIRE ATTENTION ?!
'FALLAIT PAS PILER COMME UN NAZE !
...CE QUI PERMET NOTAMMENT À LA VOITURE BALAI (GÉNÉRALEMENT LA POUBELLE DU CORTÈGE) DE POUVOIR SUIVRE LA CADENCE...
J'TE DIS QU'C'EST À GAUCHE !
PUTAIN SIMONE ! SI TU NOUS FAIS RATER LE VIN D'HONNEUR,
TU VAS T'EN RAPPELER !
PAR LÀ
PAR ICI
MAIS CE QUI PERMET AUSSI, DANS LES PETITS VILLAGES DE FRANCE ET DE NAVARRE, DE CRÉER UNE INHABITUELLE ANIMATION...
JE TE DIS QUE C'EST LA FILLE MATURIN QUI SE MARIE...
MAIS NON... C'EST LE FILS MATURIN, AVEC LA PETITE DU SALON DE COIFFURE !
J'DEMANDERAI AU FACTEUR DEMAIN.
POMP
POUET
TATATUUUU TUT !
TUTUUUT
36

Le vin d'honneur

A la santé des mariés !

« Un verre, ça va, trois verres, ça va aussi ! »

Boris Eltsine

ORGANISÉ POUR REMERCIER CEUX QUI SE SONT RENDUS AU MARIAGE, LE VIN D'HONNEUR PERMET AUX INVITÉS DE COMMENCER À RENTABILISER CETTE ONÉREUSE JOURNÉE...
VIRE !
LAISSEZ-MOI PASSER !
DÉGAGE !
VAS-Y, FONCE ROBERT, C'EST GRATUIT !
PLACE
POUSSEZ PAS
J'SUIS PAS SERVI

ON PEUT S'Y DÉSALTÉRER, MAIS SANS OUBLIER TOUTEFOIS QUE SE DÉSALTÉRER TROP, SOUVENT ALTÈRE PRÉMATURÉMENT TOUTE SOBRIÉTÉ NÉCESSAIRE...
CHAMPAGNE ?
J'AI UNE GUEULE À BOIRE DE L'EAU DU ROBINET ?
LA MÊME CHOSE -HIC-
HEUREUSEMENT, CERTAINS INVITÉS SAVENT SE CONTENIR ET PRÉFÈRENT PROFITER DE L'OCCASION POUR FÉLICITER LES JEUNES ÉPOUX...
HEIN ?
ALORS
ALORS ?! ÇA FAIT QUOI D'ÊTRE MARIÉE ?
ALORS, ÇA FAIT QUOI ?
ALORS ?! ÇA FAIT QUOI D'ÊTRE MARIÉS ?
ALORS ?! ÇA FAIT QUOI D'ÊTRE MARIÉ ?
ALORS ?! ÇA FAIT QUOI D'ÊTRE MARIÉ ?
ALORS
MAIS LE VIN D'HONNEUR PERMET AUSSI DE RETROUVER DE VIEILLES CONNAISSANCES...
TIENS, MAURICE ?! ÇA FAIT UN BAIL QU'ON S'EST PAS VUS !
OUAIS... J'SUIS SORTI DE PRISON LE MOIS DERNIER ! COMME T'ES JAMAIS VENU ME VOIR, ÇA DOIT FAIRE 15 ANS !
NOTEZ ENFIN QUE SI TOUS LES INVITÉS NE SONT PAS CONVIÉS À LA RÉCEPTION, IL EST PRÉFÉRABLE DE NE PAS ORGANISER LE VIN D'HONNEUR AU MÊME ENDROIT...
BON, TOUS CEUX QUI NE SONT PAS INVITÉS AU REPAS VONT DEVOIR NOUS QUITTER !
TAP ! TAP ! TAP !

A boire et à manger... mais surtout à boire !

«Si j'me souviens des noces de Cana ? Un peu mon n'veu... Je n'sais plus qui se mariait, mais qu'est-ce qu'on a picolé !»

Jésus-Christ

SUCCÉDANT AU VIN D'HONNEUR, LA RÉCEPTION PERMET ENFIN AUX INVITÉS DE S'ASSOIR ET DE DÉCOUVRIR CEUX AVEC QUI ILS PASSERONT LA MAJEURE PARTIE DE LA SOIRÉE...
TIENS CHÉRI, ON EST LÀ !
P'TAIN, À LA TABLE DES MARTINEAU ET DES MICHALON ! ÇA SENT LE TRAQUENARD À PLEIN NEZ !

DANS UNE AMBIANCE REDEVENUE PLUS CALME, CERTAINS SE FENDENT D'UN DISCOURS, RETARDANT DE FAIT LES PREMIERS COUPS DE FOURCHETTE...
SI J'AI DÉCIDÉ DE VOUS PARLER DE MARIE-CLAUDE, C'EST QUE JE L'AI CONNUE BIEN AVANT QU'ELLE NE RENCONTRE PHILIPPE. JE N'ÉVOQUERAI PAS NOTRE AVENTURE COMMUNE, NI CELLES QU'ELLE EUT AVEC RICHARD, BERNARD, ALEX ET MÊME SOPHIE... JE PASSERAI SUR SES DEUX AVORTEMENTS
BON, J'AI LA DALLE MOI
GLURPS !
GARGOULIGOULI

PUIS, LES PLATS SE SUIVENT, LES VERRES SE VIDENT ET LES ESPRITS SE LIBÈRENT...
OUAIS... J'EN AI UNE BONNE AUSSI !...
TIENS L'AMI, RESERS-NOUS UN GODET !
... C'EST L'HISTOIRE D'UNE PUTE QUI DÉBARQUE À PARIS...
CERTAINS INVITÉS NE MANQUENT PAS NON PLUS D'ÉGAYER COMME IL SE DOIT CE FESTIF REPAS...
ALORS GÉRARD ?! T'ÉTAIS PARTI PISSER TES 3 BOUTEILLES DE SAINT-ÉMILION ?
EUH... NON ! CH'ÉTAIS PARTI DÉGUEULER LA MOUSSELINE DE RIS DE VEAU !

POUR NE PAS QUE LA RÉCEPTION SE TRANSFORME EN UNE SIMPLE FÊTE BIEN ARROSÉE, LES JEUNES ÉPOUX SONT SOUVENT CONTRAINTS DE SE RAPPELER AU BON SOUVENIR DE LEURS INVITÉS...
TOUT SE PASSE BIEN ?
TIENS, JEAN-PAUL ?! T'ES LÀ AUSSI TOI ?!
C'EST LE MARIÉ, DUCON !
PAR LE BIAIS DE SES SERVEURS, LE TRAITEUR VIENT LUI AUSSI AUX NOUVELLES...
ALORS, MADAME ?! ON CALE SUR LE CONTRE-FILET RÔTI BORDELAISE ? ...
PAS TOUCHE ! J'VAIS L'EMMENER !
Z'AVEZ UN DOGGY BAG ?!
LES FAMILLES DES MARIÉS NE DOIVENT TOUTEFOIS PAS S'INQUIÉTER ! DANS UN MARIAGE, PERSONNE NE SE SOUVIENT DE CE QU'IL A MANGÉ...
JE VOIS QUE VOUS AVEZ APPRÉCIÉ LE FEUILLETÉ DE PÉTONCLES !
TIENS... TU VOIS GINETTE, C'ÉTAIT PAS DES BOUCHÉES À LA REINE !
DANS UN MARIAGE EN EFFET, ON SE SOUVIENT SOUVENT QUE D'UNE SEULE CHOSE...
VOUS Z'AVEZ PASSÉ UNE BONNE SOIRÉE ?!
AH, ÇA, TU PEUX L'DIRE ! QU'EST-CE QU'ON A PICOLÉ !
HEUREUSEMENT, EN FIN DE REPAS, IL EST UNE TRADITION CULINAIRE QUI RAPPELLE À TOUS QU'IL S'AGISSAIT BEL ET BIEN D'UN MARIAGE !
P'TAIN ! MATEZ UN PEU L'DESSERT !
GÉNIAL ! ON DIRAIT UNE PIÈCE MONTÉE, COMME AU MARIAGE DE...
AH MAIS QUEL CON !!
NON... IL Y A QUAND MÊME UN TRUC QUE LES INVITÉS N'OUBLIENT JAMAIS, MÊME IVRES MORTS C'EST QU'ILS NE PAIENT PAS LEUR REPAS !
M'SIEUR... NOUS AVONS TERMINÉ NOTRE SERVICE... SEULEMENT, IL Y A UN PETIT DÉPASSEMENT D'HORAIRES.
BON, BEN NOUS, ON VA ALLER S'PIEUTER !

La musique à pleins tubes

Eh bien dansez maintenant !

« Tout le monde s'éclate, à la queue leu leu !»

Marc Dorcel

LORS DU DÎNER, LA SEULE MUSIQUE TOLÉRÉE EST UN LÉGER FOND SONORE (JAZZ, CLASSIQUE, LYRIQUE...) SUFFISAMMENT DOUX POUR NE PAS DÉRANGER LES CONVERSATIONS...
Sur Radio France Musique il est 22h15 et nous allons écouter la symphonie n°4 de Schubert...

LA MUSIQUE PEUT MONTER EN DÉCIBELS À L'ARRIVÉE DU GÂTEAU, MAIS LA SOIRÉE DANSANTE NE DOIT PAS DÉBUTER AVANT LA FIN DU REPAS...
OUI ARE THE TCHAMPION
SUR UNE VALSE, C'EST LA MARIÉE QUI, AVEC SON PÈRE, OUVRE LE BAL. SUIVENT ALORS LE MARIÉ ET SA MÈRE, PUIS TOUS LES VALSEURS VOLONTAIRES...
JE NE DANSE PAS SOUVENT, MAIS LÀ, JE SUIS EN TRAIN DE PRENDRE UN SACRÉ COUP DE JEUNE !
ENFIN, UNE FOIS LES ANCIENS RASSASIÉS DE SOUVENIRS MÉLODIQUES, LE DJ PEUT ENVOYER LA SAUCE !
ET MAINTENANT, PLACE À LA MUSIQUE !...
SOUS LES SUNLIGHTS DES TROPIQUES !
GAFFE TOUT DE MÊME ! LE DJ NE DOIT PAS SE CONTENTER D'UN SEUL GENRE MUSICAL... SURTOUT S'IL S'AGIT D'UN GENRE UN PEU PARTICULIER !
BANLIEUE DE MISÈRE, NIQUE TA MÈRE
BANLIEUE DE GALÈRE NIQUE TON PÈRE
YO!
HIP
HOP
40

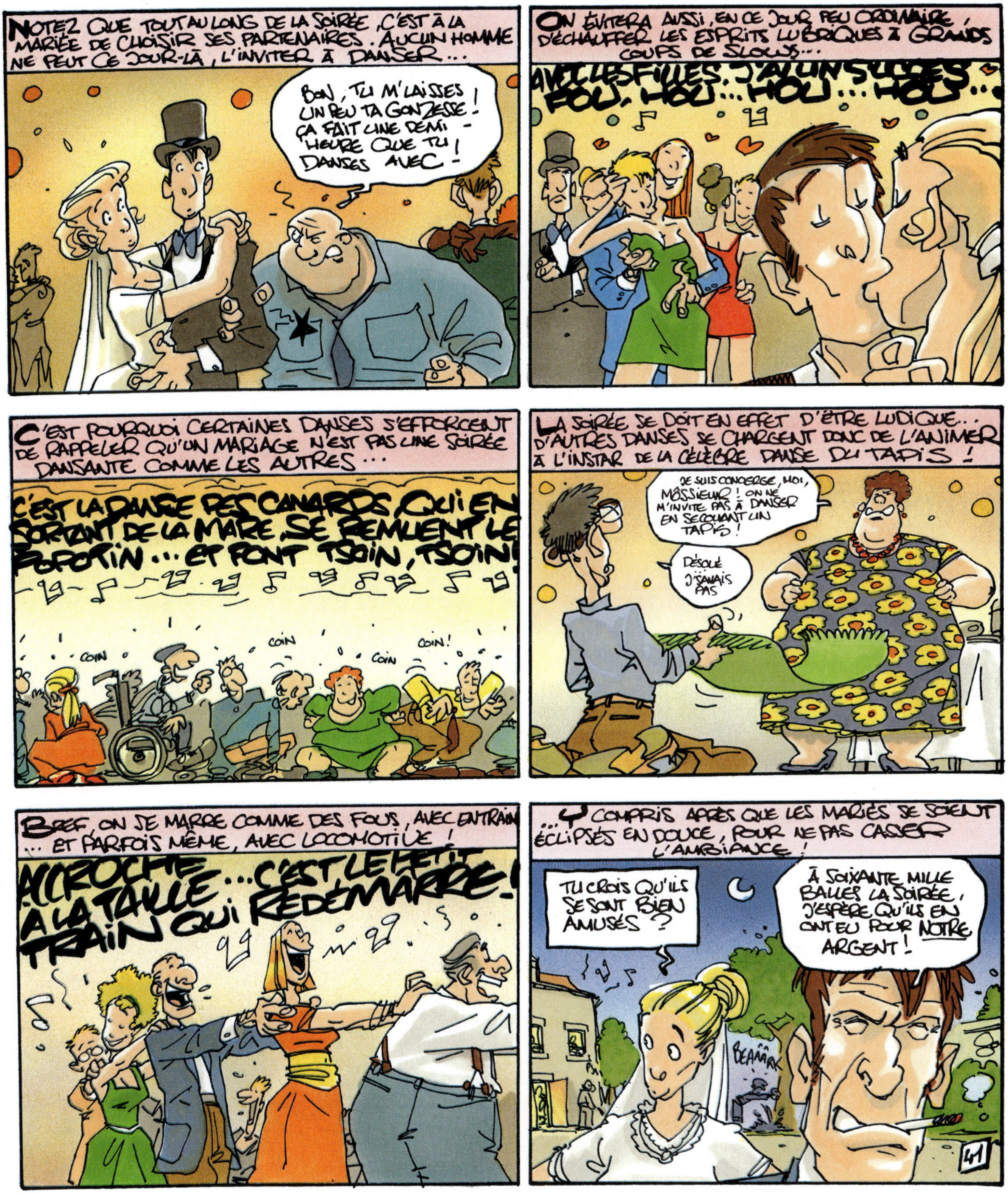
Notez que tout au long de la soirée, c'est à la mariée de choisir ses partenaires. Aucun homme ne peut ce jour-là, l'inviter à danser...
Bon, tu m'laisses un peu ta gonzesse ! Ça fait une demi-heure que tu danses avec !
On évitera aussi, en ce jour peu ordinaire, d'échauffer les esprits lubriques à grands coups de slows...
AVEC LES FILLES, J'AI UN S ES FOU. HOU... HOU... HOU...
C'est pourquoi certaines danses s'efforcent de rappeler qu'un mariage n'est pas une soirée dansante comme les autres...
C'EST LA DANSE DES CANARDS, QUI EN SORTANT DE LA MARE, SE REMUENT LE POPOTIN... ET FONT TSOIN, TSOIN !
COIN
COIN
COIN
COIN !
La soirée se doit en effet d'être ludique... d'autres danses se chargent donc de l'animer à l'instar de la célèbre danse du tapis !
Je suis concierge, moi, môssieur ! On ne m'invite pas à danser en secouant un tapis !
Désolé j'savais pas
Bref, on se marre comme des fous, avec entrain ... et parfois même, avec locomotive !
ACCROCHE À LA TAILLE... C'EST LE PETIT TRAIN QUI REDÉMARRE !
...y compris après que les mariés se soient éclipsés en douce, pour ne pas casser l'ambiance !
Tu crois qu'ils se sont bien amusés ?
À soixante mille balles la soirée, j'espère qu'ils en ont eu pour notre argent !
BEAAARK
41

L'animation de la soirée

Le Club Med en été

«Sortez les vachettes !»

Guy Lux

EN MARGE DES DANSES PLUS OU MOINS FOLKLORIQUES PRÉCÉDEMMENT ÉVOQUÉES, D'AUTRES ANIMATIONS SE CHARGENT D'ÉGAYER UN MARIAGE...
ET MAINTENANT, J'APPELLE POUR LE JEU SURPRISE, LES GAIS LURONS QUE SONT JEAN-PIERRE, GÉRARD, SYLVIE, CÉLINE...
PITIÉ, PAS MOI !
JE SUIS PAS LÀ JE SUIS PAS LÀ !

L'ÉPREUVE DE LA JARRETIÈRE FAIT PARTIE DE CE FOLKLORE. CELUI QUI LA REMPORTE OBTIENT LE DROIT D'ALLER LA RETIRER...
ALLEZ, LE PREMIER QUI MET 500 FRANCS A GAGNÉ !
QUOI ?! ÇA VA PAS, NON ?! GÉNÉRALEMENT POUR 300 BALLES JE RESTE UN QUART D'HEURE AVEC LA GONZESSE !
MAIS IL EXISTE BIEN D'AUTRES JEUX, SOUVENT AUSSI STUPIDES QUE GRIVOIS... À L'INSTAR DE LA CÉLÈBRE ÉPREUVE DE LA BANANE ET DE L'ORANGE...
PATRICK ! PATRICK !
ANNIE ! ANNIE !
ENSUITE, TOUT REPOSE SUR L'IMAGINATION DES UNS ET LE CÔTÉ "BON VIVANT" DES AUTRES...
FINALEMENT, NOS FAMILLES S'ENTENDENT BIEN !
OUAIS !... LA PROCHAINE FOIS, ON LES EMMÈNERA AU CIRQUE !
HA HA HA HA HA
RESTE QUE L'UNE DES ÉPREUVES LES PLUS DIFFICILES DANS LE MARIAGE N'EST AUTRE QUE LE "COUPÉ DE PIÈCE MONTÉE"...
QUELQU'UN AURAIT-IL UN SCIE SAUTEUSE SUR LUI ?
42

La fin de la fête

Jusqu'au bout de la noce

« J'aurais su, j'aurais moins bu ! »
Serge Gainsbourg

COMME DANS UN RÊVE, LES JEUNES MARIÉS POURRAIENT QUITTER LA RÉCEPTION SANS CRIER GAR
... ET PARTIR EN VOYAGE DE NOCES ...
T'AS RÉSERVÉ L'HÔTEL POUR QUELLE HEURE ?
POUR 18 HEURES, MAIS DANS UNE SEMAINE !
VENISE

SEULEMENT VOILÀ ... ILS SE CONTENTENT SOUVENT DE PARTIR EN NUIT DE NOCES, LE MARIÉ S'ÉTANT CHARGÉ DE RÉSERVER UNE CHAMBRE DANS UN ENDROIT TENU SECRET.
C'ÉTAIT ÇA TON ENDROIT PARADISIAQUE ?!
BEN... UN FOSSÉ ?!
BEN... LIEU ! - HIC ! -
UNE NUIT DE NOCES QUI POURRAIT ÊTRE BIEN PLUS IDYLLIQUE, SI LES JEUNES ÉPOUX N'AVAIENT PAS DÉJÀ PARTAGÉ LE MÊME LIT...
P'TAIN, JE SUIS VANNÉ, MOI !
MOI AUSSI ... J'AI BIEN FAIT DE PERDRE MA VIRGINITÉ AVANT LE MARIAGE !
HOTEL
SI LA NUIT DE NOCES N'A PLUS LIEU PENDANT LE VOYAGE DE NOCES, C'EST QU'AU LENDEMAIN DU MARIAGE LES INVITÉS NE SONT BIEN SOUVENT PAS PARTIS !
Z'ÊTES ENCORE LÀ, VOUS ?
HOTEL
BEN, ON VA QUAND MÊME PAS RENTRER À LIMOGES LE VENTRE VIDE !
LA TRADITION VEUT EN EFFET QUE L'ON REMETTE LE COUVERT LE LENDEMAIN, MAIS DE FAÇON BEAUCOUP PLUS CALME CETTE FOIS...
AH, ELLE EST BELLE LA JEUNESSE !
T'OCCUPES RENÉ ! PASSE-NOUS LA TERRINE DE SANGLIER ET LA BOUTEILLE DE VIN ROUGE !
ZZZ
ROOON
43

Et après ?

Pour le meilleur et pour le pire !

« En amour plus qu'ailleurs, nul n'est prophète en son pays !»

Eddie Barclay

AU LENDEMAIN DE LA NOCE, C'EST UNE NOUVELLE VIE QUI COMMENCE POUR LES JEUNES ÉPOUX... ET PEUT-ÊTRE PLUS ENCORE POUR LA JEUNE MARIÉE !
MADAME ROBILLARD EST DEMANDÉE AU TÉLÉPHONE !
BEN, C'EST TOI, CHÉRIE ! ROBILLARD, C'EST TON NOUVEAU NOM !

MAIS AU TERME DES FESTIVITÉS, C'EST AUSSI LA VIE QUI CONTINUE, SIMPLEMENT UN PEU PLUS RICHE POUR LES JEUNES ÉPOUX DE 2 POÊLES À FRIRE, D'UNE COCOTTE EN FONTE, DE 6 ASSIETTES CREUSES, D'UN PLAT ROND, D'UN PLAT CREUX ... ET DE BIEN D'AUTRES SURPRISES !
ET ENCORE MERCI POUR LES CADEAUX DE MARIAGE !
JUST MARRIED
BING
DENG
BENG
44